ARRÊT
DU CONSEIL D'ÉTAT
DU ROI,

Rendu en conséquence des délibérations & demandes du Chapitre général des Religieux de l'ancienne Observance de Cluny, portant assignation de pensions provisoires, pour la subsistance de chacun d'eux, avec établissement d'une Régie générale entre les mains du Receveur général du Clergé, pour la conservation du Temporel des Maisons.

Du 27 Mars 1788.

Extrait des Registres du Conseil d'État.

LE ROI s'étant fait représenter, en son Conseil, l'arrêt rendu en icelui le 17 octobre dernier, par lequel, en conséquence des délibérations du Chapitre général des

A

Religieux Bénédictins de l'Ordre de Cluny, ancienne Observance, du 6 mai dernier, & pour les causes contenues audit arrêt, Sa Majesté auroit ordonné qu'il seroit incessamment dressé, par les Supérieurs & Religieux de chacune des Maisons de ladite Observance, un état du temporel d'icelles dûment certifié, ensemble celui des Religieux présens & absens qui peuvent avoir droit à des pensions sur les revenus en résultans, & pareillement un état des menses, sacristies & autres offices claustraux isolés, à l'effet d'être, la quotité des pensions provisoires par eux demandées, réglée & assignée en conséquence à chacun desdits Religieux, sur le montant général desdits revenus. Vu lesdits états, comme aussi ceux des conventualités subsistantes lors de l'Édit du mois de mars 1768, dressé en exécution dudit Édit, par les Religieux de ladite Observance, Sa Majesté auroit jugé convenable de ne pas différer plus long-temps de faire connoître ses intentions, tant sur la fixation desdites pensions & sur la forme dans laquelle elles seront acquittées, que sur les mesures nécessaires pour la conservation du temporel de chacune des Maisons. A quoi voulant pourvoir: Ouï le rapport, & tout considéré; LE ROI ÉTANT EN SON CONSEIL, a ordonné & ordonne ce qui suit :

ARTICLE PREMIER.

TOUS les biens & droits dépendans des menses conventuelles de l'ancienne Observance de l'Ordre de Cluny, existantes au moment de l'Édit du mois de mars 1768, ensemble ceux des offices claustraux dépendans desdites menses, & dont l'état est annexé au présent arrêt, seront, à commencer du 1.er Janvier de la présente année, régis & administrés, & les revenus perçus comme ils l'ont été ou dû l'être jufqu'à ce jour, par le fieur Bollioud de Saint-Julien, Receveur général du Clergé, ou par telles perfonnes qui feront par lui à ce commifes ; à la charge par lui d'en rendre compte tous les ans, & même plus fouvent s'il en eft requis, dans la forme qui fera par Sa Majefté établie à ce fujet. Enjoint en conféquence Sa Majefté, à tous fermiers, débiteurs & détempteurs defdits biens, de payer & vider leurs mains en celles dudit fieur Bollioud de Saint-Julien, ou de fes prépofés ; quoi faifant, & fur les quittances qu'ils en recevront, ils feront & demeureront bien & valablement déchargés.

I I.

LE montant des penfions des Religieux fera & demeurera provifoirement fixé aux fommes portées au tableau annexé au préfent arrêt ; & les Religieux y dénommés en feront payés fur les revenus de ladite Obfervance, par ledit fieur Bollioud de Saint-Julien, ou fes prépofés, dans les villes & lieux où ils auront choifi leur réfidence.

I I I.

EN outre & indépendamment defdites penfions à eux attribuées par le préfent arrêt, les Prieurs clauftraux continueront de jouir de la double prébende qui leur étoit affectée, foit qu'elle leur foit payée directement par les Prieurs titulaires, foit qu'elle ait été perçue par ledit fieur Bollioud de Saint-Julien, comme faifant partie de la menfe conventuelle.

I V.

IL fera pareillement, en fus des penfions portées au

tableau annexé au préfent arrêt, payé annuellement; favoir, au Procureur général la fomme de quatre cent livres; au Vicaire général, celle de deux cent livres; & à chacun des Vifiteurs actuels, la fomme de deux cent livres, & ce, fans déduction de la double prébende de ceux qui font Prieurs clauftraux.

V.

AUCUN Religieux dénommé au tableau annexé au préfent arrêt, comme Membre de l'une des Communautés y défignées, ne pourra conferver la jouiffance de revenus ou penfions, fur des places monacales & offices clauftraux dépendans de conventualités, auxquelles il auroit été affilié avant la bulle de N. S. P. le Pape, du 15 juillet 1772, & dont il fe feroit retiré fans formalités préalables, pour être aggregé à fa Maifon actuelle; & feront les revenus defdites places & offices clauftraux, directement perçus par le fieur Bollioud de Saint-Julien, comme des autres biens defdites conventualités non éteintes.

V I.

LES fieurs de Lombard, titulaire de l'infirmerie, & de Jacob, titulaire de l'aumônerie de la communauté de Nantua, continueront de jouir defdits offices & des revenus en dépendans, comme ils en ont joui jufqu'à préfent, & ce, fans déduction des penfions à eux attribuées; & néanmoins, aux charges & conditions portées en la bulle de Cour de Rome fufdite.

V I I.

PERMET Sa Majefté aux titulaires deffervans des Prieurés non conventuels & offices clauftraux ifolés, à ceux qui fe font anciennement retirés dans leurs familles en vertu de permissions & obédiences, même aux Religieux qui pourroient avoir quitté leur résidence régulière fans la participation de leurs Supérieurs, de lui présenter toutes requêtes & mémoires, à l'effet d'obtenir, s'il y a lieu, un traitement proportionné, ou une amélioration ou supplément de subsistance ; pour, sur le compte qui en sera rendu à Sa Majesté, y être pourvu ainsi qu'Elle jugera à propos.

V I I I.

IL sera incessamment procédé par les sieurs Intendans & Commissaires départis dans les généralités de la situation des conventualités dénommées en l'état annexé au présent arrêt, en présence des préposés du sieur Bollioud de Saint-Julien, à l'inventaire & bref-état de tous les biens, charges & dettes des menses conventuelles & offices clauftraux en dépendans, de quelque nature qu'ils soient, biens-fonds, rentes, titres, meubles, bibliothèques, effets de facriftie, vases facrés & effets mobiliers, en quelques endroits qu'ils fe trouvent, le tout ainsi qu'ils existoient & fe comportoient au jour de l'arrêt du 17 octobre dernier ; & feront les procès-verbaux defdits inventaires & brefs-états, faits doubles & fignés des Religieux de la Communauté préfens, ainsi que des préposés dudit sieur Bollioud de Saint-Julien, pour l'un refter ès mains defdits Religieux, & l'autre en celles defdits préposés, pour y avoir recours.

I X.

POURRONT, lors des procès-verbaux defdits inventaires, les Religieux des Communautés, préfenter chacun féparément toutes requêtes & mémoires, à l'effet d'obtenir une augmentation de penfion en cas d'infirmités particulières ; pourront également les Commiffaires départis, ou autres par eux délégués à l'effet defdits inventaires, entendre & recevoir toutes déclarations relatives à l'état ancien & actuel du mobilier defdites maifons ; & feront lefdits mémoires, requêtes & déclarations, jointes auxdits procès-verbaux, pour être du tout rendu compte à Sa Majefté, & fur iceux ftatué ce qu'il appartiendra.

X.

TOUTES les difpofitions du préfent arrêt feront exécutées jufqu'à ce qu'il en ait été autrement ordonné par Sa Majefté, ou qu'il ait été pourvu à l'application des biens de ladite Obfervance, en fuivant les formes civiles & canoniques, conformément à ce qui eft porté par celui du 17 octobre 1787.

FAIT au Confeil d'État du Roi, Sa Majefté y étant, tenu à Verfailles le vingt-fept mars mil fept cent quatrevingt-huit. *Signé* LE B.ᵒⁿ DE BRETEÜIL.

ÉTAT DES MENSES CONVENTUELLES & Offices

claustraux, dont la gestion & administration seront confiées au sieur BOLLIOUD DE SAINT-JULIEN, Receveur général du Clergé, jusqu'au moment de leur union, en exécution du présent arrêt.

PROVINCE D'AUVERGNE.

DIOCÈSES.	MAISONS.
Limoges......	La Mense conventuelle & les Offices claustraux de CHAMBON.
	La Mense conventuelle & les Offices claustraux de MOUTHIER D'AHUN.
Clermont.......	La Mense conventuelle & les Offices claustraux de MENAT.
	La Mense conventuelle & les Offices claustraux de RIS.
	La Mense conventuelle & les Offices claustraux de SAINT-SIMPHORIEN.

PROVINCE DE DAUPHINÉ, LANGUEDOC ET PROVENCE.

Grenoble........	La Mense conventuelle & les Offices claustraux de DOMÈNE.
Sisteron........	La Mense conventuelle & les Offices claustraux de GANAGOBIE.
Grasse........	La Mense conventuelle & les Offices claustraux de LERINS.
Uzès..........	La Mense conventuelle & les Offices claustraux du SAINT-ESPRIT.
Valence........	La Mense conventuelle & les Offices claustraux de SAUZET.

A iv

SUITE DE LA PROVINCE DE DAUPHINÉ, LANGUEDOC ET PROVENCE.

DIOCÈSES.	MAISONS.
Vienne............	La Menſe conventuelle & les Offices clauſtraux de TAIN.
Riez............	La Menſe conventuelle & les Offices clauſtraux de VALENSOLLES.
Die............	La Menſe conventuelle & les Offices clauſtraux de DIE.
Alais............	La Menſe conventuelle & les Offices clauſtraux de TORNAC.

PROVINCE DE FRANCE.

Amiens.........	La Menſe conventuelle & les Offices clauſtraux d'ABBEVILLE.
	La Menſe conventuelle & les Offices clauſtraux de LIHONS.
Paris..........	Les biens & revenus du Collége de Cluny, appartenans à l'ancienne Obſervance.
Beauvais........	La Menſe conventuelle & les Offices clauſtraux d'ELINCOURT.
Chartres........	La Menſe conventuelle & les Offices clauſtraux de NOGENT-LE-ROTROU.
Auxerre........	La Menſe conventuelle & les Offices clauſtraux de BONNY.
Troyes.........	La Menſe conventuelle & les Offices clauſtraux de SEZANNE.
	La Menſe conventuelle & les Offices clauſtraux de GAYE.
Nevers.........	La Menſe conventuelle & les Offices clauſtraux de SAINT-REVERIEN.

PROVINCE DE GASCOGNE.

DIOCÈSES.	MAISONS.
Auch........	La Menſe conventuelle & les Offices clauſtraux d'EAUSE.
	La Menſe conventuelle & les Offices clauſtraux de SAINT-MONT.
	La Menſe conventuelle & les Offices clauſtraux de MONTAUT.
Cahors........	La Menſe conventuelle & les Offices clauſtraux de CARENNAC.
	La Menſe conventuelle & les Offices clauſtraux de FONS.
Condom........	La Menſe conventuelle & les Offices clauſtraux de MEZIN.
Rieux........	La Menſe conventuelle & les Offices clauſtraux de LEZAT.
Tarbes........	La Menſe conventuelle & les Offices clauſtraux de SAINT-ORENS DE LAVENAU.
Lombès........	La Menſe conventuelle & les Offices clauſtraux de TOUGET.

PROVINCE DE LYON.

Lyon........	La Menſe conventuelle & les Offices clauſtraux d'AMBIERLE.
	La Menſe conventuelle & les Offices clauſtraux de NANTUA.
	La Menſe conventuelle & les Offices clauſtraux de SAINT-RAMBERT.
	La Menſe conventuelle & les Offices clauſtraux de SAINT-ROMAIN-LE-PUY.
Autun........	La Menſe conventuelle & les Offices clauſtraux de SAINT-VIVANT.
Genève........	La Menſe conventuelle & les Offices clauſtraux de TALISSIEU.

A v

SUITE DE LA PROVINCE DE LYON.

DIOCÈSES.	MAISONS.
Mâcon.........	La Mense conventuelle & les Offices clauſtraux de CHARLIEU. La Mense conventuelle & les Offices clauſtraux de THISY.

PROVINCE DU MONESTIER.

Grenoble.......	La Mense conventuelle & les Offices clauſtraux de BARRAU. La Mense conventuelle & les Offices clauſtraux de VIF.
Le Puy.........	La Mense conventuelle & les Offices clauſtraux de CHAMAILLIÈRES. La Mense conventuelle proprement dite, & les Offices clauſtraux du MONESTIER.
Mende.........	La Mense conventuelle & les Offices clauſtraux de SAINTE-EUNIMIE. La Mense conventuelle & les Offices clauſtraux de LANGOGNE.
Rodès.........	La totalité des biens de la Mense conventuelle de SEVERAC; ayant l'union à celle du Moneſtier, & les Offices clauſtraux en dépendans.

PROVINCE DE POITOU ET SAINTONGE.

Saintes.........	LA Mense conventuelle & les Offices clauſtraux de SAINTES.
Poitiers.........	La Mense conventuelle & les Offices clauſtraux de MONTIERNEUF.

TABLEAU DES PENSIONS PROVISOIRES qui feront payées aux Religieux de l'ancienne Obfervance de Cluny par le fieur BOLLIOUD DE SAINT - JULIEN , Receveur général du Clergé, ou fes Prépofés, en exécution du préfent Arrêt.

PROVINCE D'AUVERGNE.

CONVENTUALITÉS.	RELIGIEUX.	PENSIONS.
Chambon.	Laurenfon, *Prieur clauftral, Vifiteur*	1300 ₶
	Dupont	1700.
	De Maffy	1300.
	Mazeron	1200.
	Peyraud	1200.
Menat	Madoux, *Prieur clauftral*	1300.
	Gilbert	1400.
	Poncet	1400.
	Peruffel	1300.
Ahun	Poncet, *Prieur clauftral, Vifiteur*	1700.
	Du Peyroux	1400.
	Mary	1400.
	De Saint-Juft	1400.
	De Villeneuve	1300.
Ris	Du Chambon, *Prieur clauftral*	1700.
	D'Ombret	1400.
	Pagès	1400.

PROVINCE DU DAUPHINÉ, LANGUEDOC ET PROVENCE.

Doméne	Giraud, *Prieur clauftral*	1400.
	Saurel	1300.

SUITE DE LA PROVINCE DU DAUPHINÉ, LANGUEDOC ET PROVENCE.

CONVENTUALITÉS.	RELIGIEUX.	PENSIONS.
Ganagobie.....	Dautanne.......................	1300 tt
	Fabre..........................	1300.
Lerins........	Bon, *Prieur clauſtral*................	1400.
	Louis Raimbert....................	1800.
	Du Rouret.......................	1800.
	Honoré Raimbert..................	1800.
	De Moricaud.....................	1800.
	Gordes.........................	1400.
	Marcy..........................	1300.
	Chaudon........................	1300.
Sauzet.........	Chamarin, *Prieur clauſtral*...........	1800.
	Mauſſier........................	1700.
	De la Blache....................	1400.
Saint-Eſprit.....	Rouſſel, *Prieur clauſtral*............	1700.
	De la Beaume....................	1800.
	De Bruyères.....................	1800.
	De Clavin.......................	1400.
	Deſcombes......................	1700.
	De Glane.......................	1700.
	D'Aiglan........................	1400.
	De Laval........................	1400.
	De Barruel......................	1400.
Tain..........	De Loches, *Prieur clauſtral*..........	1700.
	De Romillon.....................	1300.
	Robin..........................	1300.

SUITE DE LA PROVINCE DU DAUPHINÉ, LANGUEDOC ET PROVENCE.

CONVENTUALITÉS.	RELIGIEUX.	PENSIONS.
Valenfolles	Antoine de Villeneuve, *Prieur clauſtral*	1400 ₶
	Auguſtin de Villeneuve	1300.
	De Magnan	1400.
	Giraudon	1300.
	De Preynes	1400.

PROVINCE DE FRANCE.

Abbeville	De Maſclaret, *Prieur clauſtral*	1300.
	De Colliveaux	1400.
	Blondin	1400.
	De Lattre	1300.
	Durieux	1300.
	De Formanoir	1700.
Collège de Cluny . .	Admiral, *Prieur adminiſtrateur*	1400.
Elincourt	De Briouze, *Prieur clauſtral*	1800.
	Le Cœur	1800.
	De Malhan	1300.
	De Prannay	1400.
	De Woirel	1800.
Lihons	Chevrier, *Prieur clauſtral*	1700.
	De Saint-Vincent, *Procureur général*	1800.
	De Vacherolles	1400.
	De la Brugère	1700.
	Reynaud	1400.
	De Molines	1300.
	D'Apremont	1400.
	De la Valdeine	1200.

SUITE DE LA PROVINCE DE FRANCE.

CONVENTUALITÉS.	RELIGIEUX.	PENSIONS.
Nogent-le-Rotrou.	Poncet, *Prieur clauftral*	1700 ᵗᵗ
	Suteau	1700.
	Bichon	1700.
	Affelin	1400.
Sezanne	Du Balay, *Prieur clauftral*	1300.
	De Vaucourt	1800.
	Guyot	1700.

PROVINCE DE GASCOGNE.

Carennac	Teilhac, *Prieur clauftral, Vifiteur*	1300.
	Fornier	1700.
	Brun	1700.
	Sugié	1200.
Eaufe	D'Artigue, *Prieur clauftral*	1700.
	Mailhès	1700.
	Marfan	1700.
	Tapie	1400.
Fons	De Conquans	1400.
	Valen	1300.
	Tabournel	1300.
	Sourde	1300.
Lezat	La Brie	1700.
	Vayffié	1400.
	Ifnard	1700.
	Roumeguerre	1300.

SUITE DE LA PROVINCE DE GASCOGNE.

CONVENTUALITÉS.	RELIGIEUX.	PENSIONS.
	Souchard.	1300 ᴴ
	De la Morelie.	1300.
Lezat.	Du Puch.	1300.
	De la Personne.	1200.
	Babié.	1200.
Mezin.	De la Roche Siffard, *Prieur claustral.*	1700.
	Chaudon.	1400.
	De Vidart, *Prieur claustral.*	1400.
	D'Atour.	1800.
Saint-Mont.	Fiteau.	1800.
	D'Audouze.	1300.
	Chadel.	1300.
	Rey, *Prieur claustral.*	1400.
Montaut.	Nadal.	1400.
	D'Hauterive.	1400.
Touget.	Lavrut.	1400.
	Guary.	1400.

PROVINCE DE LYON.

	Du Chaffaut, *Prieur claustral.*	1400.
	Bouquet.	1700.
Ambierle.	De la Murette.	1400.
	Chantrel.	1400.
	Bussy.	1300.

SUITE DE LA PROVINCE DE LYON.

CONVENTUALITÉS.	RELIGIEUX.	PENSIONS.
Nantua.......	De Lombard, *Prieur clauſtral*..........	1400.ʰ
	De la Broſſe....................	1400.
	De la Salle, *Vicaire général*..........	1400.
	De Vialet.....................	1300.
	D'Eſcrivieux...................	1200.
	De Jacob.....................	1400.
Charlieu.......	De Barruel, *Prieur clauſtral*..........	1400.
	Berthon......................	1700.
	De Villeneuve..................	1400.
	Samoel......................	1300.
	Buynand.....................	1000.
Saint-Rambert...	Moynat, *Prieur clauſtral*.............	1700.
	Grumet......................	1400.
	Pelart.......................	1800.
	Royſſard.....................	1400.
	Reverdy......................	1300.
	Nevierre.....................	1300.
	Malix.......................	1200.
Saint-Vivant....	Tremolet, *Prieur clauſtral*............	1400.
	Mollot......................	1400.
	Admiral......................	1300.
	Martin.......................	1300.
	Dorey.......................	1000.
	Latil........................	1000.

PROVINCE du MONESTIÉR.

CONVENTUALITÉS.	RELIGIEUX.	PENSIONS.
Chamaillières	De Reyraguêt , *Prieur clauftral.*	1400. H
	Lamy.	1400.
	De Burine.	1300.
Sainte-Eunimie . .	Olivier , *Prieur clauftral , Vifiteur*	1700.
	Digonnet.	1400.
	De Chabanolles.	1400.
	André.	1400.
	De Lherm.	1200.
	André. . . . . *"*	1200.
Langogne	De Pomeyrols , *Prieur clauftral.*	1800.
	De la Saumés.	1400.
	Mouton.	1400.
	Bonnet.	1300.
	Lavie.	1400.
	Mazoyer.	1300.
	De Senilhac.	1200.
Le Moneftier	De Goys, *Prieur clauftral.*	1400.
	Du Roure.	1400.
	De la Ribette.	1400.
	De Gizaud.	1400.
	De Bouchet de Barbon.	1400.
	Du Mazel , *Vifiteur.*	1400.
	Cavalier.	1400.
	De Goys.	1400.
	La Combe de Mazel.	1300.
	Durand.	1300.
	Régis de Barbon.	1300.
	Du Beffet.	1300.
	Maloffe , *Convers.*	600.
	Berenger , *Convers.*	500.

SUITE DE LA PROVINCE DU MONESTIER.

CONVENTUALITÉS.	RELIGIEUX.	PENSIONS.
Severac.......	Pourquier, *Prieur claustral*..........	1400 ₶
	Vallat.........................	1400.
	De Broussac....................	1400.
Vif..........	De Saint-Germain, *Prieur claustral*....	1700.
	De Lherin......................	1700.

PROVINCE DE POITOU ET SAINTONGE.

	RELIGIEUX.	PENSIONS.
Montierneuf....	De la Ronde, *Prieur claustral*.........	1400.
	Thubert........................	1400.
	Godard.........................	1300.
	Guillemot.......................	1300.
	Normand.......................	1300.
	Leroy..........................	1300.
	Lomdé.........................	1200.
Saintes........	Planier.........................	1700.
	Auger..........................	1700.
	Bardeaux.......................	1400.
	Rivière.........................	1200.

FAIT & arrêté au Conseil d'État du Roi, tenu à Versailles le vingt-sept mars mil sept cent quatre-vingt-huit. *Signé* LE B.ᵒⁿ DE BRETEUIL.

A PARIS, DE L'IMPRIMERIE ROYALE. 1788.